AF242860

LA

PLANCHE DE SALUT

A NAPOLÉON III

NOËL CALLAM

LA

PLANCHE DE SALUT

(L'UNITÉ FRANÇAISE ET LE PARTI NATIONAL)

A NAPOLÉON III

PARIS

CHEZ TOUS LES LIBRAIRES

—

1870

PLANCHE DE SALUT

A NAPOLÉON III

I

SIRE,

Il y a quelques années, dans le cours d'un voyage pendant lequel j'avais parcouru l'Égypte, la Palestine, l'Asie Mineure, l'Archipel, la Grèce, la Turquie, la Bulgarie, la Valachie, la Hongrie, l'Autriche, la Pologne, la Russie, la Finlande, les îles d'Aaland, la Suède, je m'étais arrêté à Christiania, la capitale de la Norwége. — Le lendemain de mon arrivée, je fus invité par une famille norwégienne à faire une promenade au Mont de la Fée Blanche, une charmante petite île cachée dans les fiords, ces dentelles de rochers et d'eau, qui font de la baie de Christiania un site enchanteur.

Le soleil, si rare dans un pays où l'hiver dure dix mois par an, faisait briller l'onde, claire et unie comme un miroir.

A peine étions-nous descendus sur l'île, que le soleil s'obscurcit tout à coup; une brume épaisse couvrit la baie, puis un instant après se changea en pluie torrentielle. Le vent souffla avec fureur...; tout annonçait une de ces tempêtes si terribles dans les régions de l'extrême nord.

Nous remontâmes bien vite à bord de l'embarcation et nous fîmes voile vers Christiania.

Les vagues nous balançaient de façon à nous faire croire à chaque minute que nous allions chavirer.

Notre canot avait trois hommes d'équipage. Le pilote, âgé d'environ soixante ans, de taille moyenne, les traits fortement accentués, l'air à la fois nonchalant et courageux, dirigeait le canot avec un flegme impassible parmi les innombrables récifs qui paraissaient partout à fleur d'eau.

Pendant que nous étions engagés dans ce dédale, la tourmente, augmentant toujours, faisait frapper la voile à droite et à gauche avec une telle furie, qu'elle risquait, non seulement de nous renverser dans la mer, mais aussi de tuer les personnes qui étaient à bord. — Les deux matelots s'y suspendaient vainement pour la maintenir et étaient emportés par ses soubresauts.

Dans ce moment de suprême danger, le pilote abandonna son gouvernail pour porter secours à ses matelots et les aider à abattre la voile... Au même instant, un coup de vent, tranchant comme une hache, brisa le mât, qui tomba sur le canot, entraînant les trois hommes, troublés et à demi écrasés......

Dans ma vie, j'ai pris l'habitude de compter très-peu sur les autres et beaucoup sur moi-même.

Je posai la main sur le gouvernail, et, le ramenant à tribord ou à bâbord, selon que les pointes de rochers m'apparaissaient à droite ou à gauche, en me laissant pousser par le vent, j'abordai, quelques instants plus tard, au quai de Christiania.

Ne vous semble-t-il pas, Sire, que vous et la France, en ce moment, ressemblez un peu à ma barque de Norwége et à son pilote?..... Le mât n'est pas encore brisé, mais le trouble est dans l'équipage; il est facile d'entendre dans le lointain le vent qui se lève et la tempête qui s'avance!...

Je crois avoir trouvé un passage à travers les premiers brisants que vous allez traverser. Peut-être, sur le chemin que je vais vous montrer du doigt, retrouverez-vous un lambeau de la popularité qui vous a fui et de la confiance que vous avez perdue!

Je vais, sous vos yeux, arrêter les bases de la politique que vous devez suivre à l'avenir, et tracer les limites de la future carte de France!

II

Vous avez certainement remarqué à quel point les Français sont inconsistants et légers ; — pour le voir vous êtes à la première place.—Ils ont du courage, mais ils n'ont pas de caractère ; ils s'inquiètent du mot et jamais de la chose. — Répétez-leur souvent qu'ils sont le peuple souverain, ils vous croiront sur parole ; mais traitez-les en maître, ils vous laisseront faire. — Ils aiment dans ceux qui les conduisent la hardiesse et la vigueur. Le roi de Suède Bernadotte disait : « *Il faut les mener avec une main de fer dans un gant de velours.* »

Cette inconsistance et cette légèreté sont une menace incessante contre tout pouvoir établi. — Les hommes bien trempés, loin de s'en effrayer, les dominent, les guident, et se font une puissance de ce qui pour les âmes vulgaires est une faiblesse.

En politique tout est action et réaction. — Le courant de l'opinion publique va alternativement en avant et en arrière.—L'art de celui qui gouverne consiste à reconnaître de quel côté va le courant et à marcher devant lui.

Les excès d'une période répondent presque exactement aux excès d'une période précédente.

Les dragonnades de Louis XIV, — le souvenir des droits du seigneur,—le libertinage de la Régence,—le parc aux cerfs de Louis XV, — les lettres de cachet et la Bastille, la torture, l'insolence de la noblesse, la corruption du clergé, amenèrent, de concession en concession et de chute en chute, l'inoffensif Louis XVI et sa noblesse à l'échafaud de mil sept cent quatre-vingt-treize, qui fut pour le tiers état et le peuple la réaction en délire de centaines d'années d'humiliations, d'oppressions et de souffrances.

Selon les formes d'une des variétés de la justice humaine, ce furent les innocents qui payèrent pour les coupables.

Les assassinats juridiques de mil sept cent quatre-vingt-treize révoltèrent l'immense majorité de la nation ; et le courant de l'opinion revint vers les idées monarchiques, desquelles sortirent le Consulat et l'empire, qui furent la réaction de la période révolutionnaire.

La dictature militaire de Napoléon Ier rejeta le courant vers les idées libérales. — Les résultats furent la restauration de la famille de Bourbon par les armées alliées et l'établissement de la charte de mil huit cent quatorze. L'invasion des armées alliées n'aurait pas eu lieu si l'opinion publique, souveraine en France, n'avait pas abandonné l'Empire. — L'entourage aristocratique des Bourbons, les vieilles haines de caste qui s'étaient réveillées furieuses, les ordonnances royales de Charles X en juillet mil huit cent trente, ramenèrent le courant aux idées révolutionnaires. — Louis XVIII, que les royalistes purs appelaient le roi jacobin, avait dit, en parlant de la Constitution : « *Si vous enlevez une pierre à l'édifice, l'édifice croulera.* »

La pierre fut maladroitement enlevée, la révolution de mil huit cent trente éclata et l'édifice croula. — Mais la classe moyenne, économe et prudente, effrayée de son œuvre, trouvant qu'elle avait dépassé le but qu'elle voulait atteindre, se souvenant de la première république et de ce qu'elle avait coûté, appela au trône la famille d'Orléans. — Ce fut la réaction incolore de la révolution de juillet, comme la révolution de juillet avait été la réaction jalouse de la bourgeoisie contre la gentilhommerie de la cour de Charles X. — La modération et la clémence de Louis-Philippe ne purent faire oublier sa faiblesse envers l'Angleterre. L'obstination aveugle de son dernier ministère amena la révolution du vingt-quatre février mil huit cent quarante-huit, qui fut la réaction de dix-huit ans d'insignifiance et de nullité politiques.

La révolution de février, ne répondant à aucune nécessité, n'avait aucun avenir. — L'envahissement de l'Assemblée nationale par l'émeute le quinze mai, les massacres de l'insurrection du vingt-quatre juin mil huit cent quarante-huit, l'extravagance des doctrines sociales prêchées publiquement, la division des partis, les éventualités que présageait le gouvernement républicain, ramenèrent violemment le courant de l'opinion vers les idées autoritaires ; — et successivement, le dix décembre mil huit cent quarante-huit, cinq millions cinq cent mille suffrages vous portèrent à la présidence de la République, et le vingt novembre mil huit cent cinquante-deux, sept millions cinq cent mille suffrages posèrent sur votre tête la couronne des Césars.

Du dix décembre mil huit cent quarante-huit jusqu'au jour de la bataille de Solférino, la fortune, qui sourit aux audacieux, vous conduisit par la main. — Vous aviez acquis sur la nation une autorité morale immense; vos ennemis mêmes subissaient cet ascendant. — La confiance qu'inspirait ce qu'on appelait alors votre génie, n'avait presque pas de bornes. L'Europe entière partageait cet engouement. — On vous diffamait dans les réunions de l'opposition, on vous insultait dans les journaux étrangers; mais en vous diffamant et en vous insultant, on vous admirait. — La France était fière de la position prépondérante que vous lui aviez donnée en Europe; comme vous étiez le souverain de la France, la France était la souveraine des nations!

Le jour de la bataille de Solférino, vous êtes monté au point culminant de votre existence impériale..... Le lendemain, vous avez commencé à redescendre jour par jour et pas à pas la pente qui vous ramène au point d'où vous êtes parti.

Les échecs de vos projets au Mexique, les triomphes menaçants de la Prusse, les gros traitements prodigués à des fonctionnaires souvent inutiles, vos dépenses sans contrôle, l'humiliation que vous avez subie lorsque vous avez voulu acheter à la Hollande le grand-duché de Luxembourg, vous ont fait perdre la confiance de la France. — Après avoir marché devant le courant de l'opinion lorsqu'il vous donnait l'autorité absolue, vous avez voulu l'arrêter lorsqu'il vous a redemandé une partie des prérogatives qu'il vous avait confiées. — Vous avez trop fait attendre la liberté : on veut vous imposer la licence ; on vous avait trop admiré : on vous mésestime trop aujourd'hui. — Cela devait arriver ainsi : c'est la réaction absurde, mais inévitable.

Je ne m'abuse pas, vous le voyez, sur vos erreurs et sur vos entraînements irréfléchis ; — mais je connais votre caractère chevaleresque, l'élévation de vos sentiments, votre fidélité aux vieilles amitiés, votre reconnaissance envers ceux qui vous ont servi, votre bienfaisance pour ceux qui souffrent ; — on peut, en vous, ne pas aimer l'empereur ; il est difficile de ne pas apprécier l'homme !

La faillibilité est une loi de la nature humaine : vous avez fait des fautes comme en ont fait ceux qui vous ont précédé dans le gouvernement des hommes, comme en feront ceux qui les gouverneront après vous. — Alexandre-le-Grand s'est trompé ; Annibal s'est trompé ; César s'est trompé ; Charlemagne, Henri IV, Louis XIV, se sont trompés. — Que celui dont la vie est exempte d'erreur le dise ; nous allons le faire monter sur un char de triomphe, ceindre sa tête de la couronne impériale et le conduire au Capitole !

III

Actuellement, les partis me paraissent se décomposer numériquement de la manière suivante :

LÉGITIMISTES 100,000
(la noblesse, les deux tiers du clergé.)

ORLÉANISTES 200,000
(les gens de finance, les magistrats, les no-
taires, les avoués, les riches propriétaires non
titrés, le haut commerce, un tiers des officiers
de l'armée, la moitié des officiers de la marine
militaire, les deux tiers des professeurs de l'université.)

NAPOLÉONIENS 200,000
(les propriétaires et les capitalistes ralliés, les
deux tiers des officiers de l'armée, la moitié des
officiers de la marine militaire, le tiers des
sous-officiers de l'armée, une partie des employés des administrations, une petite fraction
du clergé.)

CONSERVATEURS se ralliant à tous les gouvernements monarchiques. 200,000
(la petite bourgeoisie rentière, les propriétaires
et capitalistes timides, les gens en retraite.)

Électeurs qui sont républicains sous la
monarchie, et monarchiens sous la république.   200,000
(les petits commerçants, les boutiquiers.)

Républicains modérés   100,000
(un tiers des professeurs de l'université, une
partie des avocats, des médecins, des archi-
tectes; les étudiants, le tiers des sous-officiers
de l'armée, quelques jeunes prêtres.)

Républicains rouges.   1,000,000
(les ouvriers prolétaires, les avocats sans cause,
le tiers des sous-officiers de l'armée, les gens
ruinés ou déclassés, la populace des villes.)

Républicains socialistes de l'impôt pro-
gressif   1,000,000
(les propriétaires cultivateurs, les paysans, les
petits capitalistes.)

Électeurs indécis, ne se rendant pas
bien compte des choses politiques et se laissant diriger par les meneurs de tous les partis;
mais devant forcément devenir républicains
rouges et socialistes par leur haine contre les
riches, et par l'influence de la propagande qui
les entoure de toutes parts.   6,000,000
(les paysans ignorants, les ouvriers des villages
éloignés des centres, les métayers, les domestiques, les journaliers.)

                                      Total   9,000,000

Ce qui représente les neuf millions d'électeurs inscrits sur les listes du suffrage universel.

On se demande comment, avec une si petite minorité d'électeurs monarchiques, le gouvernement peut réunir la majorité des suffrages?—Il l'obtient par la pression qu'exercent les maires, les commissaires de police, les gardes champêtres, sur la masse des électeurs flottants et indécis; par la pression que nous exerçons, nous propriétaires, quand nous avons peur de la révolution, sur nos laboureurs et sur nos fermiers.

Contrairement à l'opinion généralement acceptée, le socialisme fait des progrès rapides dans les campagnes; non pas le socialisme qui demande le partage des propriétés, mais celui qui veut établir l'impôt progressif. — Les paysans veulent qu'il soit appliqué aux fortunes qui dépasseront cent mille francs. Les fortunes des paysans propriétaires s'élevant rarement à ce chiffre, échapperaient à l'impôt, qui frapperait en entier sur ceux qu'ils appellent les riches.

La même progression serait appliquée aux droits de succession et aux placements d'argent. — Tout prêteur qui n'aurait pas acquitté les droits légaux serait déchu de sa créance.

La propagande socialiste est des plus actives. Les paysans la font entre eux pendant le travail des champs, et le soir à la veillée. Ils savent que l'impôt progressif serait l'effondrement de la grande et de la moyenne propriété, et disent qu'il faut que la terre appartienne à ceux qui la travaillent!

Les grands et moyens propriétaires, ne pouvant pas payer les contributions, qui seraient égales ou supérieures aux revenus, devraient vendre leurs biens à vil prix, ou seraient expropriés par l'État.

De toute façon, par la vente forcée, ces biens passeraient à très-bas prix et en détail aux mains des cultivateurs. — Cela commence à se dire tout haut dans les campagnes.

Sur neuf millions d'électeurs, il y en a au plus cinq cent mille (cela représente la proportion de un sur dix-huit) qui possèdent une fortune supérieure à cent mille francs. Il y a donc huit millions cinq cent mille électeurs qui semblent avoir un intérêt évident à ce que les fortunes de ceux qui possèdent plus de cent mille francs soient expropriées par l'État.

Si nous n'y avisons pas, quand cette idée aura été vulgarisée dans les masses, elle sera mise à exécution, sans violences, sans secousses, légalement, par le seul fait de la volonté et du vote de la majorité des électeurs !

Quelques bonnes gens comptent sur le secours de l'armée pour combattre le socialisme. — Mais l'armée est composée d'enfants du peuple ; et lorsque le socialisme de l'impôt progressif aura été régulièrement voté par les représentants du pays, l'armée, en le défendant, défendra la loi.

Les paysans veulent traiter la bourgeoisie comme la bourgeoisie traita la noblesse à la première révolution.

Ils achèteront les biens expropriés comme on achetait alors les biens nationaux.

Après avoir eu le règne des grands propriétaires au seizième, au dix-septième et au dix-huitième siècle, — le règne des propriétaires moyens de mil sept cent quatre-vingt-treize à mil huit cent soixante-dix, — nous aurons celui des petits propriétaires !

Mais leur triomphe ne sera pas de longue durée. — Quand on aura renversé le principe social de la liberté de la propriété pour y substituer celui de la propriété limitée, il n'y aura pas plus de raison de fixer le point de départ de l'impôt progressif à cent mille francs qu'à un franc, ou qu'à abolir tout à fait la propriété particulière.

Les petits propriétaires verront bientôt se dresser devant eux les ouvriers prolétaires et la populace des villes, qui voudront posséder à leur tour. — A ceux-ci il faudra le partage et le pillage... — Ce jour-là sera celui de la lutte implacable et de l'écrasement d'une classe de la société par les autres.

Tout cela n'est pas bien clair, bien défini, dans la tête des paysans et des ouvriers. — Mais ce n'est pas avec des idées claires et des systèmes définis qu'on soulève les peuples. — La guillotine de Marat et de Robespierre n'avait rien à voir avec la logique !

Le temps approche où il n'y aura plus que deux grands partis, à côté desquels tous les autres ne seront que des nuances insignifiantes : — ceux qui possèdent et veulent conserver ; ceux qui ne possèdent pas et veulent prendre.

IV

Arrivé à l'heure présente, après vous avoir vu parcourir ces deux périodes de votre existence impériale, l'une de constante réussite, l'autre de déceptions non interrompues, je m'arrête, et je me demande quelle va être la troisième.

A cette heure de votre vie où vous auriez eu le plus besoin de sang-froid, d'habileté, d'initiative, je vous vois hésitant, irrésolu, décontenancé. — Autour de vous un ministère trop plein d'illusions, un Corps législatif sans autorité, une majorité sans indépendance, une opposition sans considération ; — les impérialistes rares, isolés, découragés par vos hésitations ; — les anciens partis monarchiques divisés, sans chefs ; — les républicains modérés trop peu nombreux et trop peu convaincus pour avoir des chances de succès ; — les chefs des républicains rouges qui déclament et menacent, mais qui ne savent pas au juste ce qu'ils veulent, et qui ne sauraient que faire s'ils arrivaient au pouvoir ; — et le socialisme, qui grandit dans l'ombre !.... Aucun parti assez organisé ni assez fort pour dominer la situation ; mais tous prenant contre vous une telle attitude d'hostilité, qu'il semble qu'ils sachent d'avance l'heure de la curée du trône de Napoléon III.

Quand l'état d'un pays est arrivé à ce point de décomposition, que les partis ne pensent qu'à renverser ce qui est établi, sans savoir ce qu'ils édifieront à la place; lorsque la France paraît avoir perdu le sens moral, que peuple et gouvernement marchent à l'aventure et que la révolution est à nos portes, il faut qu'un homme se lève, et, faisant ce qu'il faut faire pour le salut et la grandeur de la patrie, il réunisse autour de lui tout ce que la nation renferme d'esprits sains, impartiaux, honnêtes, et fonde avec eux un grand parti qui n'a pas encore existé : le parti national !

Revenez à vous, Sire, et soyez cet homme-là... Il n'y a pas une heure à perdre... si vous ne faites pas ce que nous attendons de vous, nous appellerons ailleurs celui qui fondera ce grand parti et accomplira l'unité française !

En politique, il n'y a pas de croyances, il n'y a que des intérêts.—Les gouvernants sont faits pour la France et non la France pour ses gouvernants. — Il importe peu que le chef de l'État appartienne à la famille des Napoléons, des Bourbons ou des Orléans. Le seul gouvernement légitime est celui qui fait bien les affaires d'un pays ! — Si vous ne faites pas ce que nous attendons de vous, nous irons chercher dans leurs retraites le noble prince Henri de Bourbon ou le comte de Paris... Nous irons les chercher tous les deux, peut-être, et nous leur dirons : Tendez-vous la main, Messieurs..., tendez-vous la main pour notre salut à tous; les princes de Bourbon et d'Orléans ne marchandent pas le salut de la France !

V

Jamais un moment ne fut plus favorable pour fonder un parti honnête et puissant qui, s'élevant au-dessus des questions de personnes et des mesquines passions, soit le centre et le point d'appui de la société actuelle. — Chacun est pénétré de cette pensée qu'il faut ou périr, ou résister au courant qui nous entraîne. Chacun sent que la France, affolée, marche à grands pas sur le chemin de la décadence !

Tous les hommes de raison, les esprits impartiaux qui sont lassés des hasards de la politique, les riches qui aiment mieux sacrifier leurs sympathies dynastiques personnelles que de courir les chances de perturbation qu'amène tout changement de gouvernement; les ouvriers sages et intelligents, qui savent que sans stabilité il n'y a de prospérité pour personne, et que la perturbation de l'ordre public est le signal de la cessation de tous les travaux, se réuniront autour de ce drapeau d'ordre et de conservation. — A ce parti, qui n'est pas apparent mais qui existe, il faut un chef !.... Pour que tous les hommes modérés se rangent à ses côtés, il faut qu'il acquière leur confiance !.... Pour l'acquérir il n'y a qu'un moyen : la mériter !

Vous avez une grande victoire à remporter sur vous-même et une grande œuvre à accomplir : relever l'esprit moral de la France, en donnant du haut du trône l'exemple des vertus civiques. — Le voulez-vous, Sire?

La première des habiletés politiques est l'honnêteté. Dans la vie publique comme dans la vie privée, elle donne une si haute supériorité, que l'homme qui n'est pas honnête par nature devrait l'être par calcul. — On recueille toujours le fruit de ce qu'on sème; semez l'honnêteté, vous recueillerez la confiance. — La confiance de la France vous donnera une immense force : la confiance en vous-même.— La confiance en vous-même vous donnera le plus grand des génies politiques : la sérénité de l'âme et le calme dans la réflexion!

Ne faites plus de fausses déclarations à la tribune législative; — ne faites plus de hausses de bourse factices pour masquer le déficit de vos finances.—Ne donnez plus d'assurances de paix aux rois d'Europe lorsque vous aurez l'intention de leur faire la guerre. Dites la vérité, toujours la vérité !

Les finesses et les détours diplomatiques ont pu vous donner des avantages momentanés..... Vous les payez bien cher aujourd'hui. — La France et les rois d'Europe ne croient plus à votre parole!

Quand vous voudrez accomplir un acte politique ou militaire, envoyez vos ministres dire aux représentants de la nation, librement élus: « Je veux faire cela, parce que je le crois utile à l'intérêt ou à la gloire de la France. » — Ne le faites que lorsque les représentants de la nation l'auront approuvé; ils vous rendront avec largesse l'autorité que vous aurez l'air de leur laisser. — Les Français aiment à être gouvernés par la main d'un maître, pourvu qu'elle soit habilement dissimulée.

Si l'on vous reproche les erreurs que vous aurez commises, ne cherchez pas des raisonnements spécieux pour les dissimuler ou les amoindrir; avouez-les franchement.

Ne donnez de charges importantes à vos favoris que lorsqu'ils seront trois fois dignes de les remplir. Les peuples ne doivent pas payer les amitiés de leurs souverains.

Abolissez le serment politique. Puisque d'un accord tacite entre tout le monde il est convenu qu'on ne le prête que pour ne pas le tenir, il est devenu inutile.

Établissez le libre-échange. Pour soutenir les intérêts de quarante ou cinquante grands manufacturiers et de quelques milliers d'ouvriers, les législateurs, en maintenant des tarifs écrasants sur les produits des puissances étrangères, qui, par réciprocité, en établissaient sur les nôtres, causaient un tort immense à vingt millions de producteurs agricoles.

La mise à exécution des traités de commerce et l'abaissement réciproque des droits d'entrée sur les marchandises, d'une puissance chez les autres, ont fait doubler le prix des vins français.

Les cultivateurs et les propriétaires vendent leurs récoltes bien plus cher, et achètent à bien meilleur marché les produits des manufactures étrangères. Il en est déjà résulté

une immense progression de la richesse générale de la population agricole; il en résultera une bien plus grande encore
de toute la richesse publique, lorsque vous aurez établi
le libre-échange et proclamé la liberté absolue du commerce.

Depuis le jour où l'Algérie a été conquise, elle a ab-
sorbé *le plus pur du sang et de l'or de la France*, sans
avoir avancé d'un pas dans la voie de la colonisation. Elle
est aujourd'hui ce qu'elle était il y a trente ans; dans trente
ans, elle sera ce qu'elle est aujourd'hui : un camp de manœuvre!

Ne comptez pas sur les colons européens, ils ne vien-
dront pas.

Les Français n'ont pas le génie colonisateur.—Ils n'ont
pas su employer le seul moyen de faire des Arabes une population stable et travailleuse. Il fallait cantonner chacune
de leurs tribus dans un espace de terrain assez grand pour
qu'eux et leurs troupeaux pussent y vivre largement. —Les
premières années, ils se seraient révoltés; puis, obligés de
ne point sortir du cercle dans lequel les baïonnettes de nos
soldats les auraient enserrés, peu à peu ils se seraient attachés à cette terre et l'auraient mieux cultivée. La vie sous la
tente n'étant plus une nécessité de leur existence nomade,
ils auraient bâti des maisons.

La génération vivante, au temps de la conquête, aurait
regretté la liberté d'autrefois; mais la génération nouvelle,
qui n'aurait connu que la vie sédentaire, aurait les habitudes
des autres peuples.

Aujourd'hui la première génération est morte, et l'Algérie serait colonisée.

Ne perpétuez pas la faute commise; ou faites cantonner les tribus arabes, ou abandonnez le centre et le sud de l'Algérie. Ne conservez que les points stratégiques du littoral et les ports de mer. — Vous économiserez annuellement cent millions. — Avec la moitié de ce qu'elle vous coûte en une seule année, vous indemniserez richement les rares colons qui se sont fourvoyés dans l'intérieur du pays.

Des deux moyens, le meilleur est d'abandonner le centre et le sud de l'Algérie. — Pendant que vous en êtes encore le maître, montrez à faire une chose utile cet esprit d'initiative que vous avez quelquefois employé à faire des choses qui ne l'étaient pas.

Ne confiez pas au suffrage universel la nomination des maires; il n'en résulterait aucun bien pour les communes.— Ces élections ne seraient qu'une lutte de rancunes et de rivalités de clocher.

Il serait à redouter que les maires élus n'apportassent pas dans l'exercice de leurs fonctions, et dans leurs rapports avec leurs administrés, la même impartialité avec ceux qui auraient voté pour eux qu'avec ceux qui auraient voté contre eux; et qu'ils fussent les chefs d'une coterie au lieu d'être les chefs de leurs communes.

Les maires nommés par le gouvernement ont peut-être moins d'indépendance avec leurs préfets; mais ils en ont bien plus avec leurs administrés.

Ne consentez pas à la séparation de l'Église et de l'État

que demande la démocratie.—Si elle est bonne en principe, elle serait mauvaise dans la pratique.

On ne pourrait la prononcer qu'en rendant au clergé la liberté du droit de propriété. Souvenons-nous des abus que ces droits ont amenés dans l'ancien régime et ne les laissons pas se renouveler.

Laissez la presse libre. — Le jour n'est pas loin où, par son indignité, elle tombera au dernier degré du mépris.

Aux États-Unis, ce sentiment s'est produit depuis longtemps ; on apporte un égal dédain à ses éloges, à ses blâmes ou à ses injures.

Les journalistes qui auront su rester hommes d'honneur et de probité prendront une immense influence sur l'opinion publique, quelles que soient leurs opinions politiques.

Si l'insurrection en appelait aux armes, réprimez-la énergiquement. — Soyez inflexible dans la lutte et clément après la victoire.

VI

Au milieu de la confusion qui vous entoure, s'appuyer sur tout le monde, c'est ne s'appuyer sur personne. — Une seule classe de la société a un intérêt absolu au maintien de l'ordre matériel et de l'organisation sociale existante, c'est la classe riche; — c'est elle qui sera le cœur et la force du parti nouveau, c'est sur elle qu'il faut vous appuyer; elle seule est assez puissante, assez homogène pour dominer tous les partis. C'est elle qui, par la possession d'une grande partie du sol, par son instruction, par son éducation, par son influence, par sa modération, par ses traditions conservatrices, représente la France et formera le parti national! — Loin d'essayer de la dominer, vous devez être l'exécuteur de sa pensée politique.

Pour que son influence soit prépondérante, il est nécessaire qu'elle soit unie et organisée. — Il faut que les électeurs propriétaires ou capitalistes de chaque arrondissement nomment un comité qui dirigera les élections et s'entendra avec les comités des autres arrondissements, afin qu'il y ait unité d'action du parti national dans les élections générales.

Les électeurs des diverses fractions monarchiques sont à peu près au nombre de cinq cent mille. — Chacun disposant en moyenne, les uns plus, les autres moins, des suffrages de cinq autres électeurs qui sont leurs domestiques, leurs ouvriers, leurs métayers, leurs fermiers, cela forme un total de trois millions de suffrages dont disposent les partis monarchiques.

Le gouvernement, par ses employés, par l'armée, par diverses influences, dispose d'un million de suffrages, cela fait quatre millions; — en y ajoutant les quelques centaines de mille électeurs flottants qui se réunissent aux conservateurs dans les momentsde crise, on peut compter que le futur parti national réunira les suffrages de quatre millions cinq cent mille électeurs.—Or, sur les neuf millions d'électeurs inscrits, près d'un million s'abstient dans toutes les élections. Nous sommes donc assurés d'avoir la majorité; mais à une condition absolue : c'est que le chef de l'État marchera avec nous et que la division ne se glissera pas dans nos rangs.....Souverain, propriétaires et capitalistes, nous resterons les maîtres de la situation, si nous avons la sagesse de savoir profiter de notre force!

Ce que vous avez tenté pour améliorer le sort des classes ouvrières des villes est un fait sans précédent depuis la création de la monarchie française : vous vous illusionnez bien si vous pensez avoir obtenu leur reconnaissance.

Elles vous accordent une trêve conditionnelle. — Tant que les grands travaux que vous faites exécuter leur fourniront, par des salaires élevés, non-seulement le nécessaire, mais aussi les plaisirs de chaque jour, les ouvriers des villes daigneront se contenter de donner leurs votes aux candidats révolutionnaires; — mais quand les embarras financiers qui surgiront bientôt vous obligeront à arrêter ces travaux, ils crieront aux armes et feront des barricades. — J'en excepte les travailleurs tranquilles et résignés qui emploient le produit de leurs labeurs à faire vivre leurs familles.

La liberté, dont les démagogues de la populace parlent si bruyamment, les intéresse peu ; beaucoup d'entre eux ne se rendent pas compte de ce qu'elle signifie. Que leur importe la rédaction d'un article de la constitution ou d'une loi ? — Que peuvent leur faire la liberté de la presse, et toutes les libertés dont ils ne tirent aucun profit ? — Dans leurs bouches ce mot n'est qu'un prétexte ; c'est le drapeau qui couvre leurs convoitises. — Ce qu'ils veulent, c'est le bouleversement universel au milieu duquel l'imagination de chacun d'eux voit une fortune ; ce qu'ils veulent, c'est l'abaissement violent de tous ceux qui les dominent ; c'est la révolution sans frein, avec les hurlements et le massacre dans la rue, le pillage dans les maisons, les banques, les églises, les palais !... Nous savons ce qu'ils ont fait en mil sept cent quatre-vingt-treize !... Nous les avons vus à l'œuvre aux journées de juin mil huit cent quarante-huit !... Nous les avons entendus vociférer à leurs réunions publiques de mil huit cent soixante-neuf !... Nous savons ce qu'ils attendent et ce qu'ils feraient s'ils étaient les maîtres !... Malheur à vous et à nous, si au jour de la lutte vous n'avez pas su réunir en un seul faisceau et dans une même volonté de résistance toutes les forces du parti de l'ordre !

Si contre eux vous n'avez que le secours de l'armée, vous êtes perdu. — Pour que l'armée massacre ses frères, il faut qu'elle sache qu'il y a derrière le chef de l'État l'appui moral d'une partie de la nation... — La lutte peut commencer demain... prouvez-nous, Sire, que vous êtes digne de nous commander et que vous êtes le premier par le mérite comme par le rang! — Alors, nous vous soutiendrons, nous vous aiderons, nous combattrons avec vous, parce que nous savons que tout changement de gouvernement serait une porte ouverte à la révolution, et qu'en vous défendant nous nous défendrons nous-mêmes!

Si je connaissais un moyen d'étrangler le suffrage universel tel qu'il est pratiqué, je vous l'indiquerais ; mais, ce moyen, il faut le trouver à tout prix.

Il ne doit entrer dans les urnes du scrutin que le bulletin de vote des hommes capables de raisonner leurs opinions.

Il faut à l'élection la responsabilité de l'instruction ou la responsabilité de la possession ; — ou des électeurs qui aient fait leurs preuves de capacité, ou des électeurs inscrits au rôle des contributions directes.

Ce changement à la loi électorale n'éloignera d'une manière absolue aucun électeur du scrutin, dans un temps où l'instruction est mise à la portée de tous les citoyens, et où, par l'exagération du luxe, chacun mettant ses dépenses au-dessus de ses recettes, il est plus facile d'acquérir la fortune que de la conserver.

Les destinées de la France doivent appartenir à ceux

qui sont capables de les diriger ; il n'est pas possible de laisser le sort de notre pays tomber, par les hasards d'une élection, entre les mains des énergumènes et des forcenés de la démocratie sociale. — La liberté avec de tels libéraux serait la plus brutale, la plus lâche, la plus odieuse des tyrannies.

Je hais les despotes, les partageurs, les révolutions et les révolutionnaires ; — mais si tant il est vrai que nous soyons incapables de nous diriger nous-mêmes, et qu'il nous faille absolument subir un despotisme, je préfère mille fois celui du sabre à celui de la casquette et de la blouse !

VII

Vous accordez en ce moment beaucoup de liberté. Vous faites bien. Ce n'est pas que les Français l'aient méritée, jamais un peuple n'en fut moins digne; mais parce que le courant de l'opinion marche vers elle et que le chef de l'État doit toujours être en tête de l'opinion.

Laissez tout dire. N'arrêtez la démagogie que si elle descend en armes dans la rue. — Vous entendez déjà ces faux libéraux s'anathématiser entre eux. Chacune de leurs coteries n'aura pas assez d'injures et de persécutions pour la coterie rivale. — Chaque faux libéral voudra la liberté à la condition d'imposer sa volonté aux autres. — Chaque faux égalitaire voudra l'égalité, sous la réserve d'être le premier de tous. Leurs intempérances et leurs insanités lasseront tous les gens de bien, — les cœurs se soulèveront de dégoût et de honte. — La réaction, l'inévitable réaction, ramènera le courant de l'opinion vers l'autorité gouvernementale.

Je n'espère pas que cette période de calme dure longtemps. A une époque où l'on ne parvient à maintenir la société sur ses bases actuelles que par l'emploi de la force matérielle, c'est énorme de pouvoir gagner quelques années.

Cela durera jusqu'à ce que l'application d'autres lois répressives ait amené une autre réaction vers une autre liberté.—Nous tournerons ainsi dans ce cercle fatal jusqu'au terme où, n'ayant pas su garder l'union qui faisait notre force, nous serons dévorés par le monstre révolutionnaire.

Alors ce sera la fin de la société moderne.—Après cela il y aura le chaos.

De ce chaos, il surgira une nouvelle société dont nul ne peut prévoir la forme ni la valeur.

Bien habile sera le souverain qui saura refuser le pouvoir absolu qu'au lendemain des jours de danger la frayeur des partis voudra confier à sa main, et qui, calmant l'animosité des passions ennemies par la fermeté, la justice, la modération, la clémence, n'arrêtera pas, mais ralentira le retour des réactions politiques !

Si nous repoussons les doctrines et les espérances des démocrates et des socialistes, c'est que nous savons qu'elles n'aboutiraient qu'à la plus désastreuse anarchie.

En principe, la République est le plus parfait des gouvernements ! — Pour le mettre en pratique, il faudrait revenir aux mœurs de l'âge d'or.

Notre triste humanité est trop foncièrement mauvaise pour qu'on puisse conserver l'ordre public et une organisation sociale quelconque autrement qu'avec des lois répressives et une stabilité gouvernementale incompatibles avec le système républicain.

Avec une humanité vertueuse, toutes les institutions

seraient bonnes, parce qu'étant dirigées selon les lois de la conscience, aucun intérêt ne serait jamais lésé.

Plusieurs des doctrines sociales modernes sont basées sur les sentiments les plus généreux; mais vouloir établir l'égalité des fortunes est un rêve aussi irréalisable que de vouloir établir l'égalité de la taille ou de l'intelligence chez les hommes, et l'égalité de la fertilité ou du climat dans les contrées de la terre.

Si les chances d'une insurrection triomphante mettaient la fortune publique à la discrétion des révolutionnaires, et qu'ils l'eussent bien partagée et bien pillée, qu'arriverait-il au bout d'un an, peut-être d'un mois ou d'une semaine?

Les partageurs avisés et économes auraient conservé ou augmenté leurs parts, tandis que les étourdis et les débauchés auraient dilapidé les leurs.

Alors tout serait à recommencer, le partage et le pillage.—Une fois la coutume admise, on la pousserait dans ses extrêmes conséquences. — Seulement, il est probable que les nouveaux possesseurs tiendraient autant à leurs fortunes que les possesseurs d'aujourd'hui, et qu'avant de recommencer le partage, il faudrait aussi recommencer la lutte.

L'organisation du travail, tant vantée par quelques auteurs, serait funeste aux bons travailleurs.

Si un syndicat répartissait également le travail entre les ouvriers de chaque catégorie, les inhabiles et les paresseux seraient protégés au détriment des intelligents et des laborieux; puisque le mérite de l'ouvrier ne compterait pour rien dans l'ordre de la répartition de l'ouvrage.

La division et la liberté du travail sont bien plus justes. — Le client s'adressant à l'ouvrier qui lui paraît le plus méritant, chacun a intérêt à faire mieux que son concurrent. — Alors la clientèle et les gros salaires sont la récompense des plus habiles et des plus laborieux.

Au lieu de toujours vouloir renverser et détruire, reconstituons.

Puisque les institutions qui nous régissent sont encore les moins mauvaises de toutes, perfectionnons-les dans la mesure du possible. — Surtout tâchons de suppléer à leurs côtés défectueux par notre initiative individuelle.

Aucun homme ne doit plus souffrir la faim : — créons des caisses de retraite pour les travailleurs, des maisons d'asile pour les infirmes et les vieillards pauvres.

Avec les trois cents millions de francs qu'il sera facile d'économiser, à l'avenir, sur le budget de l'armée et de l'Algérie, on peut soulager toutes les misères apparentes.

Si la classe riche veut conserver sa suprématie morale, il faut qu'elle aussi prouve qu'elle en est digne.

Les classes de la société, les assemblées politiques, les nations, sont comme les individus : elles acquièrent du respect et de la considération en raison de la considération et du respect qu'elles savent s'accorder à elles-mêmes par leur dignité, leurs actes, leur conduite.

Pour soulager les misères humiliées, les misères qui se cachent, il faut plus que le secours officiel, il faut plus que l'aumône qui se fait seulement avec la main; il faut l'aumône qui se fait avec le cœur... il faut la charité. — Que les mères de famille les cherchent; qu'elles apprennent à leurs enfants à les chercher avec elles : — elles les trouveront partout, à leur porte, jusque dans les mansardes de leurs splendides hôtels; — qu'elles aillent les chercher aussi dans les misérables logements des quartiers populaires... Ceux qui n'ont pas vu la misère de près ne connaissent pas le charme de la charité. Ils ne savent pas combien elle adoucit les animosités, élève les âmes, fait naître la reconnaissance, et crée une solidarité entre le bienfaiteur et celui qu'il a secouru.

Être riche, comme être prêtre, c'est exercer un sacerdoce. — Le riche qui fait l'aumône ne mérite pas d'éloges : il fait son devoir, rien de plus !

Le riche qui ne fait pas l'aumône est un monstre qu'il faut honnir !

Si les heureux de la terre savaient ce qu'on gagne en estime de soi-même et en vraie popularité par la bienfaisance, il n'y aurait pas de mauvais riches.

Dans notre conscience, nous sentons bien que les ouvriers sans travail, ceux qui n'ont pas de pain à donner à leurs femmes et à leurs enfants; que tous les malheureux qui ont froid, qui ont faim, qui crient pitié dans le vide et l'isolement, sans qu'aucune main secourable se tende vers eux, ont le droit moral à la révolte; — on comprend de quelles haines et de quelles malédictions contre ceux qui les oublient sont remplis ces cœurs aigris par les souffrances de la misère ! — Demandons-nous ce que nous ferions si nous partagions leurs détresses. — Il est facile d'être du parti de l'ordre et de la stabilité lorsqu'on a toutes les jouissances de la vie. — Ne nous étonnons pas si, au jour des révolutions, ceux qui ont tant souffert viennent se placer sous la bannière du premier ambitieux qui leur promet un sort meilleur, et montent sur les barricades pour y jouer leur vie contre un morceau de pain.

Si cela arrive, nous ne pourrons pas nous plaindre ; — nous l'aurons voulu. Combattons à outrance les révolutionnaires de la débauche et de l'ambition ; mais tendons notre main pleine aux révolutionnaires de la misère. — Sachons étouffer leurs plaintes et leurs haines sous notre générosité !

VIII

On répand le bruit de votre intention d'abdiquer... Pourquoi cet acte de faiblesse?

Vous avez trop voulu la couronne pour pouvoir l'abandonner à la première heure de danger; — si vous abdiquez en ce moment, c'en est fait de la dynastie des Napoléons.

En descendant du trône, à qui confieriez-vous la régence de l'Empire, pendant les quatre années qui nous séparent de la majorité légale du prince impérial? — Ce ne serait pas à un prince doué d'une grande intelligence, mais que son impopularité semble devoir éloigner du pouvoir, au prince Napoléon?

Ce serait donc l'impératrice qui prendrait la direction du gouvernement?

Comme femme, il ne fut jamais de créature plus gracieuse; d'âme meilleure, ni plus généreuse; de cœur plus courageux. — Les malheureux qu'elle va secourir elle-même, en silence, vénèrent son nom.

Le courage militaire est chose commune en France. — Quand le tambour bat, que le canon tonne, tout soldat court bravement au feu; — mais le courage moral, le courage sans le bruit, sans l'entraînement, qui va au devant du danger avec tranquillité, le sourire sur les lèvres, y est d'une extrême rareté.

Ce courage moral est la plus grande force de l'impératrice. — On n'a pas oublié le voyage qu'elle fit, il y a quatre ou cinq ans, pour visiter les cholériques d'Amiens.... L'épidémie était dans toute son intensité; les personnes atteintes mouraient au bout de quelques heures de maladie.... Les médecins, frappés, eux aussi, par le fléau, se faisaient rares au chevet des mourants.... La ville était dans la consternation.... Les riches fuyaient au loin. — L'impératrice vint; elle traversa calme et tranquille les salles de l'hôpital, entre deux rangs de lits sur lesquels gisaient des infortunés à l'agonie.

Ce jour-là, elle sacra sa couronne impériale mieux que n'auraient pu le faire les archevêques dans la cathédrale de Reims!... Ce jour-là, elle eut plus de vaillance que le soldat qui monte à l'assaut au milieu de la mitraille, au son des clairons, au commandement des chefs, aux cris des combattants.

L'impératrice demeurant dans son palais, personne n'aurait trouvé à y redire.... En affrontant une mort affreuse pour aller porter les secours et les encouragements à une population effrayée, elle accomplissait un acte admirable!

Aux temps des chauds enthousiasmes, aux temps où l'on savait aimer et admirer, en voyant son courage, sa bienfaisance et sa beauté, la France chevaleresque du moyen âge en aurait fait une héroïne!... Des Français de la France moderne l'insultent... Chaque siècle a ses mœurs.

L'impératrice, devenue régente, serait écrasée sous les calomnies ; — si purs que fussent ses sentiments, si irréprochable que fût sa conduite, les choses les plus simples, les plus naturelles, seraient odieusement travesties en actes coupables ; — aucune infamie ne lui serait épargnée. — Les mille intrigues qui s'agitent toujours autour d'une femme qui gouverne un empire lui créeraient une situation impossible à soutenir.

Si une mort inattendue venait à vous frapper, l'impératrice, j'en suis sûr, saurait s'élever à la hauteur de la mission que le sort lui aurait envoyée. — Si vous vivez jusqu'à la majorité du prince impérial, soyez homme, gardez votre trône. — Pendant ces quatre années, remontez la pente que vous avez descendue ;... et posez la pierre angulaire de votre dynastie sur la fondation de la grande nationalité française !

IX

Il n'y a de politique efficace que celle qui conjure les difficultés de l'avenir. — Trois obstacles sont les écueils de votre règne : l'opposition révolutionnaire, l'augmentation des dépenses de l'État, la puissance croissante et menaçante de la Prusse.

Le premier de ces obstacles, vous le repousserez par l'organisation du parti national;—vous ne pourrez détruire les deux autres que par l'accomplissement de l'unité française.

L'honnêteté, la liberté, dans le présent, vingt ans de calme et de prospérité intérieure dans le passé, seraient des titres suffisants à l'existence d'un gouvernement qui aurait toujours été libéral. — Mais ils sont insuffisants au maintien d'un pouvoir qui n'a jamais eu d'autre direction que la volonté du chef de l'État, — surtout quand l'exécution arbitraire de cette volonté a été la cause de fautes graves.

Depuis la bataille de Sadowa, la suprématie acquise par la Prusse sur l'ancienne confédération germanique, l'unité allemande vers laquelle elle marche du pas des nations qui ont foi dans la victoire, ses positions stratégiques, ses fortifications formidables qui dominent nos frontières de l'est, font descendre la France dans une situation d'infériorité politique et militaire évidente.

Hors la place de Metz, à laquelle on ajoute quatre forts, mais qui, je le crois, peut facilement être tournée, nous ne possédons sur ces frontières aucune place forte assez importante pour arrêter, dans un moment de désastre, une armée d'invasion.

Si une guerre venait à éclater entre nous et la Prusse, ou avec une nation ayant la Prusse pour alliée, nous serions mis en demeure de gagner toutes les batailles : car une seule défaite que nous subirions pourrait, en une semaine, par la route si peu défendue de la vallée de la Marne, amener les armées ennemies sous les murs de Paris.

Ce danger, auquel personne n'a pris garde tant que la Prusse n'a été qu'une nation de second ordre, est grand aujourd'hui. — Que sera-t-il donc lorsque la Prusse sera devenue l'empire d'Allemagne ?

A l'avenir, la menace d'une invasion prussienne sera mise en avant contre nous dans toutes nos contestations avec les puissances étrangères.—Elle sera debout devant nos frontières ouvertes jusqu'au jour où le peuple français sera supérieur en nombre au peuple allemand, jusqu'au jour où les fortifications et les positions stratégiques de la France seront supérieures aux positions stratégiques et aux fortifications de l'Allemagne, jusqu'au jour où la Prusse sera convaincue que l'Allemagne est moins forte que la France : car, si nous avons la guerre avec la Prusse, nous l'aurons avec l'Allemagne entière.

Cela, vous l'avez bien compris.—Depuis trois ans, toute

votre attention s'est portée sur les travaux et les armements des ministères de la guerre et de la marine.—A ces armements et à ces travaux il faut un but autre que celui d'une vague défensive.—La somme de six cents millions que vous dépensez tous les ans pour ces deux ministères écrase nos finances. Vouloir continuer à employer annuellement et indéfiniment cette somme d'une manière improductive et sans aucune compensation serait de la démence;—mais laisser la Prusse s'agrandir et s'élever toujours, sans nous élever plus haut encore, et garder la première place que nous occupons depuis deux siècles au rang des nations, serait plus que de la démence... ce serait la honte et la décadence de la France!

Ne travaillez pas dans l'ombre pour arriver à ce qui doit se faire au grand jour;—proclamez le droit des nationalités.—Victor-Emmanuel a presque achevé et doit achever l'unité de l'Italie;—le roi Guillaume a commencé et doit finir l'unité de l'Allemagne;—sachez hardiment et fièrement faire l'unité de la France.

Cette unité peut se faire par l'unité de race et de langage, qui comprendrait l'annexion à la France de la Belgique, du grand-duché de Luxembourg et des cantons français de la Suisse;—et par l'unité territoriale, qui comprendrait en plus l'annexion des provinces allemandes de la rive gauche du Rhin.

En l'état des choses, l'unité de race et de langage serait seule sage et politique;—elle aurait l'avantage probable de pouvoir se faire sans avoir à soutenir de guerre contre aucune puissance de premier ordre.

L'annexion de la Belgique, du grand-duché de Luxembourg et des cantons français de la Suisse, nous apporterait une augmentation de population de cinq millions d'habitants. Elle nous donnerait, en outre, une force militaire énorme en mettant en nos mains la place forte de Luxembourg, plusieurs défilés de la Suisse, et des points d'attaque sur les frontières du nord de la Prusse, par la Belgique et par la Hollande, notre alliée obligée. — De sorte que, si, dans une guerre, une armée prussienne menaçait Paris, une armée française pourrait la prendre à revers et marcher sur Berlin. — Pour voir cela, il n'est pas nécessaire d'avoir étudié l'art militaire, il suffit d'avoir parcouru ces pays, ou de jeter les yeux sur une carte géographique.

Si vos résolutions sont prises, et si votre armée est prête, n'attendez pas un jour de plus. — Publiez un manifeste qui dise clairement et hautement aux rois et aux peuples d'Europe ce que vous voulez faire vous-même, et ce que vous voulez laisser faire aux autres. — Puis envahissez immédiatement la Belgique et le grand-duché de Luxembourg.

Les habitants du Luxembourg savent qu'ils sont destinés à être Français. — Leur armée de cinq cents hommes ne tentera pas le sort des batailles.

Faites bloquer Anvers par terre et par mer, afin qu'on ne puisse pas y organiser un centre sérieux de résistance, et surtout pour que la publication de votre manifeste ne soit pas pour l'Angleterre un prétexte de vous y devancer en y faisant débarquer une armée d'intervention.

Envoyez une division devant chacune des grandes villes belges : Bruxelles, Gand, Liége; de façon à ce que leurs milices ne puissent pas se réunir et se concentrer, et qu'on puisse les soumettre en détail et sans combat.

Les Belges n'ont pas eu le temps de s'habituer à être un peuple; — il n'y a pas encore quarante ans que, venant d'échapper, par nos armes, à la domination hollandaise, ils nous demandaient à devenir Français.

Ils savent que, par leur impuissance à se défendre, et se trouvant placés entre deux grandes nations rivales, ils sont destinés à être absorbés par l'une ou par l'autre. — Sans contredit, ils aiment mieux être Français que Prussiens. — Ils crieront, ils protesteront; dans une semaine, l'annexion sera un fait accompli.

Peut-être la place forte d'Anvers refusera-t-elle de se rendre. — N'en faites pas le siége; contentez-vous de la bloquer, jusqu'au jour très-prochain où, sachant que toute la Belgique est soumise, et voyant que la résistance n'aurait plus de but, elle demandera à capituler. — Des pères, des frères, des fils tués, seraient un mauvais lien entre nous et nos futurs concitoyens. — Si pour accomplir notre unité il faut qu'il y ait du sang versé... qu'il y en ait le moins possible !

Devant cet agrandissement du territoire, de la population et de la puissance de la France, que feront les nations d'Europe?

Pour qu'elles gardent la neutralité envers nous comme nous devons désormais la garder envers elles, hors les cas de nécessité absolue, il faut qu'elles soient bien assurées que nous n'en voulons ni à leurs possessions, ni à leur indépendance.

La Prusse, qui par sa position géographique est celle qui semble avoir le plus à redouter nos envahissements, est convaincue que notre intention est de lui enlever les provinces de la rive gauche du Rhin. — C'est en prévision de l'exécution de ce projet qu'elle entretient une armée disproportionnée à sa population, et qu'elle élève fortifications sur fortifications.

Tenter de conquérir les provinces rhénanes serait absolument impolitique. — Leurs habitants sont fermement attachés à leur mère-patrie et ne veulent être Français à aucun prix. Le patriotisme des Allemands leur ferait soutenir une guerre à mort plutôt que de se voir arracher ces provinces; en admettant que les chances d'une guerre heureuse les fît tomber en notre pouvoir, elles seraient pour nous ce que la Vénétie était pour l'Autriche, une cause continuelle d'alarmes. — Quand nous les aurions conquises, les Allemands voudraient les reconquérir à leur tour. — Alors ce serait une lutte insensée d'armements sans trêve ni repos, jusqu'à l'épuisement complet des deux nations.

Une guerre d'agression contre la Prusse ne se ferait pas sans qu'il y eût incertitude sur son résultat final. — Elle a sur nous l'avantage de posséder, échelonnées sur les bords du Rhin, les places fortes de refuge d'Érenbreistein, le Gibraltar allemand, de Coblentz et de Mayence, dans les murs desquelles son armée pourrait se retirer en cas de défaite.

L'armée prussienne, dont le prestige militaire est immense en Allemagne, est parfaitement organisée, pleine d'audace et d'entrain.—Les officiers sont peu sympathiques; mais, s'ils affectent des airs de jactance et des manières raides et cassantes, ils sont braves, instruits, sûrs d'eux-mêmes, et, comme leurs soldats, désirent vivement se mesurer avec l'armée française.

Dans les conversations populaires des Allemands, la comparaison entre l'armée française et l'armée prussienne est très-fréquente; — à leurs yeux, l'armée prussienne est à un grand degré de supériorité au-dessus de l'armée française.

Ils sont fiers de marcher sous les drapeaux d'une nation qu'ils considèrent comme la première du monde; — leur idée fixe et dominante est l'unité de l'Allemagne présente, la grandeur de l'Allemagne future, et l'animosité haineuse et jalouse contre la France.

Sans doute, nous avons souvent rêvé de donner à notre pays ses frontières naturelles du Rhin et les villes fortifiées de Mayence et de Coblentz!... Mais, puisque la conquête des provinces rhénanes nous offrirait bien plus d'inconvénients qu'elle ne nous apporterait d'avantages, ayons la sagesse d'y renoncer sans retour!

Il faut absolument que la Prusse croie à la sincérité de notre renonciation ; — de cette croyance dépend l'avenir de l'Europe.

La France et la Prusse, ayant accompli leur unité, et ne poursuivant plus de nouveaux agrandissements, auraient les mêmes intérêts : sauvegarder la paix générale et arrêter l'invasion de la Russie en orient.

Si la Russie s'emparait des côtes du littoral oriental de la Méditerranée, et avait les matelots grecs, les plus hardis du monde, pour monter sa flotte, elle concentrerait sous une seule volonté une puissance effrayante, qui en ferait bientôt la dominatrice universelle.

La France et la Prusse, n'ayant plus rien à craindre l'une de l'autre, sachant que leurs armées réunies seraient les arbitres de l'Europe, opéreraient leur désarmement ; toutes les autres nations désarmeraient après elles. — Par ce seul fait, au bout de quelques mois, l'équilibre financier des budgets européens serait rétabli.

Maintenant, supposons que la Prusse, mal rassurée sur nos projets annexionistes, nous déclare la guerre : ce serait certainement une calamité passagère ; mais combien cette calamité passagère serait une assurance de paix pour l'avenir !

Si la Prusse en appelle aux armes, loin de céder à ce désir immodéré de gagner des batailles qui a si souvent été la cause de nos désastres, ayons l'utile courage de nous borner à faire une guerre défensive ; concentrons notre armée dans une de nos positions fortifiées — Lorsque les Prussiens seront venus nous y attaquer, et que, par une victoire certaine, nous les aurons repoussés et reconduits tambour battant jusqu'à la limite de leur territoire... nous nous arrêterons et nous leur dirons : Nous sommes victorieux, nous pouvons tenter la conquête de vos provinces rhénanes, nous ne le voulons pas; — conservez l'intégrité de votre territoire, et accomplissez l'unité de l'Allemagne, comme nous allons accomplir l'unité de la France. — Soyons amis, non pour troubler le repos de l'Europe, mais pour en assurer la paix.

Devant ce noble langage, devant cette preuve irrécusable de notre désintéressement, toute défiance serait forcément éteinte. — La guerre n'ayant plus de but, les Prussiens déposeraient les armes.

La Prusse étant écartée du débat, que ferait l'Angleterre?

Elle s'opposerait évidemment à l'annexion de la Belgique à la France; mais elle s'y opposerait pacifiquement.— Elle redoute plus de voir la Russie s'emparer de la Turquie et de l'Égypte d'abord, et de l'Inde ensuite, que de laisser aller les soldats français à Anvers.

La civilisation a éteint les vieilles haines entre les peuples. — Les hommes d'État du cabinet britannique savent bien que la crainte du débarquement en Angleterre d'une armée française venue par le port d'Anvers est devenue chimérique. — Là où il n'y a plus d'intérêts froissés, les causes de guerre ont bientôt disparu. — Or, les intérêts de la France et de l'Angleterre sont presque partout les mêmes. — Nous n'avons pas plus envie d'aller établir un camp de manœuvre à Londres, que les Anglais ne pensent à venir fonder une colonie à Paris.

Les hommes d'État du cabinet britannique savent aussi, que, sans l'armée française, l'armée anglaise est impuissante à protéger le maintien de l'Égypte et de la Turquie, et que le czar n'attend qu'une conflagration entre les États de l'occident de l'Europe, pour mettre à exécution le testament de la grande Catherine.

Jamais l'Angleterre ne se lancera dans une guerre dont les résultats, quels qu'ils fussent, seraient désastreux pour elle. — Sans compter la certitude de l'invasion russe en Orient et dans l'Inde, dans trois mois, nos corsaires auraient irréparablement ruiné son commerce maritime.

Le gouvernement anglais ferait une belle protestation... mais ne ferait pas autre chose.

L'annexion à la France de la Belgique et du grand-duché de Luxembourg n'entraînerait donc que la possibilité d'une guerre avec la Prusse. — Mais combien cette possibilité serait improbable! Pourquoi la Prusse, invitée par nous à faire son unité, voudrait-elle courir les chances d'une guerre dans laquelle elle pourrait, non-seulement compromettre cette unité, mais aussi se voir enlever les provinces rhénanes et ses conquêtes de mil huit cent soixante-six?

Si la Prusse parvenait à obtenir l'alliance de la Russie, nous aurions certainement celle de l'Autriche, qui a à venger sa défaite de Sadowa.

L'Angleterre elle-même, placée dans l'alternative ou de s'allier avec nous, ou de laisser la Russie aller à Constantinople, n'hésiterait pas : elle serait notre alliée.

Mais, encore une fois, pourquoi la Prusse, pouvant faire son unité en paix, et ne demandant pas autre chose, voudrait-elle courir, sans motif plausible, les chances d'une guerre qui pourrait la conduire à un démembrement?

Les petites nations, lorsqu'elles sont placées de façon

à amener des conflits entre les grands États, n'ont plus de raison d'être, et ont des raisons de ne plus être.

S'il survenait une grande guerre européenne, la Suisse, placée entre la France, la Prusse et l'Italie, trop faible pour faire respecter sa neutralité, possédant dans son territoire des défilés qui conduisent d'une nation chez l'autre, serait envahie de toutes parts. — Chacune des nations qui ont des frontières limitrophes des siennes voudrait s'assurer la possession de ces défilés, afin d'éviter d'être surprise par les armées ennemies.

La nationalité suisse est destinée à disparaître dans la première guerre européenne.

Que la France, la Prusse et l'Italie s'entendent pour faire sans retard et d'un commun accord ce que les nécessités de la politique moderne les obligeront à faire plus tard, et dans de plus mauvaises circonstances.

Que chacune de ces trois puissances s'annexe la partie de la Suisse qui est limitrophe de ses frontières ; ce sera un point de plus de réglé dans la grande question de l'équilibre européen.

XI

Comme la France et la Prusse auront fait leur unité en s'annexant les provinces de races françaises et allemandes, l'Italie devra faire la sienne par l'annexion des États pontificaux.

Ce moment a pu être retardé et pourra l'être quelque temps encore ; mais quand une idée de nationalité est lancée, elle ne s'arrête pas. — Le jour où la France, engagée dans une guerre, ou paralysée par une révolution, sera obligée de retirer sa protection au pape, les Italiens iront à Rome.

Risquerons-nous, pour reconquérir au pape son pouvoir temporel, une nouvelle guerre dans laquelle l'Italie aurait pour alliées la Prusse et la Russie ? — Ce serait de la folie.

Donnons une solution à la question romaine, en même temps qu'à la question française et à la question prussienne. — Pendant que nous le pouvons encore, réglons judicieusement par les lois de la raison, en sauvegardant les intérêts de tous, ce qui nous serait imposé plus tard, dans des conditions d'extrême violence, par la pression de l'opinion publique et par la force de la révolution.

La situation exceptionnelle de la papauté impose à cette

annexion des conditions également exceptionnelles. — La ville de Rome, dans laquelle la foi religieuse a amoncelé depuis des siècles des trésors, des monuments et des chefs-d'œuvre, appartient à la catholicité entière.

Vouloir établir à Rome la capitale de l'Italie, en même temps que la capitale religieuse de la catholicité, c'est rêver l'impossible. — L'Italie, en enlevant à la papauté ses possessions temporelles, doit lui en donner d'autres, sinon équivalentes, du moins acceptables, qui lui assurent, par la possession absolue du sol, une indépendance qu'elle n'a jamais eue encore.

La première solution de la question romaine qui se présente à l'esprit est l'établissement du Saint-Siége à Jérusalem. — Il semble que voir le pape être souverain pontife dans les lieux où Jésus a vécu et a été crucifié, devrait être le couronnement des espérances de tous les catholiques. — J'ai étudié la question à Jérusalem même. — Malheureusement, cette solution est plus impossible encore que celle qui voudrait que le pape fût souverain spirituel à Rome, en même temps que le roi d'Italie y serait souverain temporel. — Autour du chef d'une religion, il faut des croyants de cette religion; — à Jérusalem, il n'y en aurait pas; ou il y en aurait si peu et de si mauvais aloi, que la papauté se trouverait dans un isolement religieux presque complet.

Parmi les quatre sectes chrétiennes, grecque, latine, arménienne et copte, reconnues officiellemenr par la Porte ottomane, les catholiques, appelés latins en orient, sont loin d'occuper le premier rang. — La secte grecque, plus riche, plus nombreuse, plus puissante, domine complétement les trois autres.

La papauté se trouverait à Jérusalem, sous la domination du gouvernement turc, dans une situation d'infériorité, d'abaissement, indigne d'elle, et qui équivaudrait à une déchéance.

C'est en Europe, au milieu des nations catholiques, dans une terre absolument indépendante, que doit être placée la capitale temporelle et religieuse de la catholicité.

Si la France laisse l'Italie s'emparer des États pontificaux, ce ne peut être qu'à la condition que l'Italie cédera à la papauté une de ses îles de la Méditerranée. — L'île d'Elbe, par sa position et son peu d'étendue, qui n'en feraient jalouser la possession par aucun État, ni regretter la perte par l'Italie, me paraît être la plus convenable à l'établissement du Saint-Siége.—L'île d'Elbe devra être remise au pape libre de tous droits, après que le gouvernement italien en aura exproprié les habitants pour cause d'utilité publique et de raison d'État;—de telle sorte que, le territoire pontifical étant une propriété privée, et l'administration papale n'y recevant que les personnes qui auront son agrément, toutes les conditions d'indépendance, d'ordre et de paix s'y trouveront réunies.

Il ne suffit pas que la papauté possède l'île d'Elbe; il faut qu'elle ait l'argent nécessaire pour s'y installer dignement. — L'Italie devra compter au pape qui occupera le trône pontifical, au moment où elle prendra possession de

Rome, la somme de cent millions de francs.—Cette somme sera suffisante pour la construction des palais et des églises de la nouvelle capitale catholique. — Les dépenses annuelles du Saint-Siége seront largement couvertes par les souscriptions des fidèles de tous les pays. — Ces dépenses seront moins grandes qu'à Rome, puisque le pape n'aura plus d'armée de défense à entretenir, et qu'il lui suffira d'avoir une simple garde de surveillance pour la protection de l'ordre public.

Il sera accordé au pape, pour la translation de son gouvernement, un délai d'une année, à partir du jour où les conventions conclues entre la France et l'Italie lui auront été communiquées officiellement.

Si le pape se refusait à accéder à ces conventions, jusqu'au jour où il lui plairait de les accepter, l'île d'Elbe et la somme de cent millions seraient remises à la France, qui en serait la gardienne, mais qui demeurerait neutre dans les complications dont ce refus pourrait être la cause.

Beaucoup de catholiques s'alarmeront de voir enlever au Saint-Siége ce qu'ils appellent la ville sacrée et le patrimoine de saint Pierre. — Avec un peu de réflexion, ils devraient l'approuver.

Le pape règne temporellement sur une population dont la majorité lui est hostile.

Lorsque les baïonnettes françaises auront quitté les États pontificaux, et qu'on saura qu'elles n'y doivent pas revenir, la révolution sera bientôt à Rome. — Quelle sera la situation de ce pontife d'une religion de pardon et de charité, qui sera obligé de se mitrailler avec ses sujets, et que, sans tarder, la révolution victorieuse aura détrôné et chassé? — Le roi des Deux-Siciles n'est plus à Naples pour lui donner un asile; — la reine Isabelle de Bourbon n'est plus à Madrid pour lui offrir un autre patrimoine de saint Pierre.

Que le Saint-Père sache renoncer aux puérils hochets de sa royauté, en se souvenant qu'il doit être sur la terre le représentant de Celui qui fut doux et humble de cœur. — On conquiert mieux les âmes par l'humilité, l'onction et la mansuétude, que par la force et la violence.

A Rome, le pape n'est que le chef d'une secte religieuse et le souverain contesté d'un petit État. — Humble et résigné dans sa retraite de l'île d'Elbe, il verra le cœur de tous les chrétiens se tourner vers lui. — Partout les aspirations humaines sont à l'unité. — Que le pape reprenne le bâton apostolique des disciples de son maître.—Qu'il soit l'apôtre de l'unité religieuse, et renonce à la domination temporelle d'une province italienne, pour devenir le chef spirituel de la chrétienté entière. — Les divergences dogmatiques si nuageuses qui séparent l'Église latine des diverses Églises chrétiennes, tiennent plus à la politique qu'à la religion, et s'aplaniront facilement quand le pape aura cessé d'être l'évêque-roi de Rome, pour n'être plus que le vicaire de Jésus-Christ.

XII

Lorsque la France se sera annexé la Belgique, le grand-duché de Luxembourg et les cantons français de la Suisse ; que la Prusse sera devenue l'empire d'Allemagne ; que Rome sera la capitale de l'Italie, il n'y aura plus en Europe d'autre cause de guerre à redouter que l'invasion de l'Orient par la Russie.

Cette invasion, il est facile de la rendre presque impossible. — Donnons à l'Autriche la Valachie, la Moldavie et la Bulgarie, de façon à ce qu'elle entoure le nord et l'est de la Turquie d'Europe jusqu'à la mer Noire, et que la Russie, n'ayant plus de frontières limitrophes avec la Turquie d'Europe, ne puisse l'attaquer sans attaquer l'Autriche.

L'Autriche ayant pour la soutenir dans sa défense la France, l'Angleterre, la Prusse et l'Italie, ce sera plus qu'il n'en faut pour arrêter dans leur germe les projets de la Russie.

Les provinces roumaines sont destinées à ne plus compter longtemps au nombre des nations. — Si elles ne deviennent pas autrichiennes par notre volonté, elles deviendront certainement russes par la volonté de la Russie.

Le plus sûr rempart qu'on pût élever contre l'ambition russe, la reconstitution de la nation polonaise, si chère à tant de cœurs français, est irréalisable.—Dans ce malheureux pays, la division entre les classes de la société et les divers partis politiques est plus grande encore que dans le nôtre.—Cette menace, attribuée à un général polonais très-connu, en donnera une juste idée : « *Quand je serai dictateur de la Pologne, je ferai paver le chemin de Varsovie à Cracovie avec des crânes de nobles et de prêtres.* »

Un pays aussi divisé ne reconquerra jamais sa liberté !

Des petites nations d'Europe, deux seulement, la Hollande et la Grèce, par la distinction de leurs races et l'indépendance de leurs positions géographiques, doivent être maintenues.

La force des nécessités militaires créées par les grands États fera réunir le Portugal à l'Espagne. — Le Danemark, la Suède et la Norwége deviendront le royaume de Scandinavie. — Le Monténégro et la Servie seront conquis par l'Autriche. — Les îles grecques de l'archipel méditerranéen seront rendues à la Grèce. — La Turquie peut sacrifier au repos de l'Europe quelques-unes de ses provinces, à la condition qu'on lui garantisse le reste des possessions qui échappent à son pouvoir défaillant.—Puisque la question d'Orient est insoluble pour nos intelligences, il faut bien se résigner à conserver l'empire turc ; car, si nous le renversions, nous ne saurions par quoi le remplacer.

Voilà, Sire, ce que doivent être la France et l'Europe de demain. — Ce programme, il faut le mettre à exécution sur l'heure ; si vous retardez encore, craignez d'entendre ce que les révolutions crient aux souverains qui attendent toujours au lendemain pour faire ce que le devoir leur commande : Il est trop tard!

Depuis l'événement déplorable du dix janvier, les masses populaires, poussées par les meneurs, s'exaltent et s'agitent... Le flot révolutionnaire monte!....

L'animosité déraisonnable des partis vous rend solidaire d'un fait auquel vous êtes étranger!

Détournez violemment le courant de l'opinion publique... Placez-vous si haut par la grandeur du service rendu à la patrie, que la calomnie et la haine ne puissent monter jusqu'à vous.

Allons, Sire, courage!... que le dernier acte de votre pouvoir absolu soit le plus grand de votre règne.... avant que le nouveau régime parlementaire ait force de loi, avant que l'ère des parleurs ait énervé la France et désagrégé le pouvoir, faites ce que je vous demande.... — Si vos résolutions sont prises et si votre armée est prête, apprenez à la France et à l'Europe quelles sont vos intentions, et entrez en campagne. — Jamais une œuvre si haute n'aura été entreprise : l'établissement du règne de l'honnêteté politique, la fondation de l'unité française, la consécration du droit des nationalités et l'anéantissement des guerres de l'avenir par l'accomplissement de l'unité de tous les peuples!

————————

XIII

Quand vous aurez fait cela, Sire, que vous aurez résolu toutes les grandes questions politiques de notre époque et donné à la France la gloire, la paix, la puissance, la liberté, vous ne ramènerez pas à vous les ambitieux, les envieux, les forcenés et les implacables; mais tous les hommes qui ont de la raison, de l'impartialité et du patriotisme, seconderont vos efforts et appuieront votre politique.

Dans cette nation si légère et si corrompue, mais qui, au fond, a l'instinct des sentiments élevés, il y aura un élan d'enthousiasme pour le souverain qui aura fait tant de bien et réalisé tant d'espérances.

Ce jour-là, vous aurez bien mérité de la patrie et fondé le parti national!

Le temps presse. — Cela doit être fait ou par vous ou par d'autres. — Choisissez, Sire.... faut-il nous ranger à vos côtés?... ou devons-nous aller chercher dans leurs retraites les nobles princes Henri de Bourbon et le comte de Paris?....

XIV

Ce que je vous ai dit se résume à trois conseils :

Apportez à ce que vous ferez la droiture qui attire l'estime et atténue les fautes.

Donnez la liberté pour qu'on vous rende l'autorité !

Accomplissez l'unité française pour assurer la sécurité du territoire, rétablir l'équilibre des finances, satisfaire le légitime orgueil national, et conjurer les conflagrations militaires de l'avenir.

Si mes conseils sont bons, suivez-les; s'ils sont mauvais, oubliez-les. — Moi, lassé d'avoir pensé une semaine entière aux ennuyeuses choses de la politique, je rentre dans mon indifférence et je reviens arroser mes fleurs !

Sur ce, Sire, je demande au Dieu inconnu que toutes les religions adorent sous des noms et avec des dogmes divers, qu'il comble vos vœux, bénisse la France et vous tienne tous deux en sa sainte et digne garde !

Noël Callam.

Calézun-aux-Roses, ce 20 janvier 1870.

PARIS

IMPRIMERIE JOUAUST

RUE SAINT-HONORÉ, 338

www.ingramcontent.com/pod-product-compliance
Lightning Source LLC
Chambersburg PA
CBHW051252030726
47595CB00003B/1205